"Os burocratas odeiam a mudança...
eles se assustam com a velocidade
e odeiam a simplicidade."

"Uma empresa que almeja a grandeza oferece
às pessoas grandes desafios que,
quando superados, as enchem de um
tipo de autoconfiança que só existe
quando se é vitorioso."

OS PRINCÍPIOS DE LIDERANÇA DE JACK WELCH

24 lições do maior executivo do mundo

Jeffrey A. Krames

SEXTANTE

Título original: *The Welch Way*

Publicado em acordo com a McGraw-Hill Companies, Inc.

tradução: Eduardo Refkalefsky
preparo de originais: Débora Chaves
revisão: Sérgio Bellinello Soares e Tereza da Rocha
projeto gráfico e capa: Cristiano Menezes
diagramação: Marcia Raed
impressão e acabamento: Yangraf Gráfica e Editora Ltda.

CIP-BRASIL. CATALOGAÇÃO-NA-FONTE
SINDICATO NACIONAL DOS EDITORES DE LIVROS, RJ

K91p

Krames, Jeffrey A.
Os princípios de liderança de Jack Welch / Jeffrey A. Krames; tradução de Eduardo Refkalefsky. – Rio de Janeiro: Sextante, 2006.
(Desenvolvimento profissional)

Tradução de: The Welch way
ISBN 85-7542-249-9

1. Welch, Jack, 1935–. 2. General Electric (empresa). 3. Capacidade executiva. 4. Diretores-executivos. 5. Liderança. 6. Administração de empresas. 7. Sucesso nos negócios. I. Título.

06-3012 CDD 658.4092
CDU 658.316.46

GMT Editores Ltda.
Rua Voluntários da Pátria, 45/1.404 – Botafogo
22270-000 – Rio de Janeiro – RJ
Tel.: (21) 2538-4100 – Fax: (21) 2286-9244
E-mail: atendimento@esextante.com.br

SUMÁRIO

O ESTILO JACK WELCH

Em 1981, Jack Welch, com 45 anos, tornou-se o oitavo e mais jovem presidente da história da General Electric. Naquele momento, seu objetivo era tornar a GE "a empresa mais competitiva do mundo". Ele sabia que transformar esse sonho em realidade exigiria nada menos do que uma *revolução*.

Welch era o líder certo no momento certo. Assumiu o cargo num cenário complicado, no qual os grandes conglomerados norte-americanos enfrentavam novos competidores globais e condições econômicas desfavoráveis. O mundo dos negócios estava em plena transformação, mas poucos executivos compreenderam esse cenário.

As grandes empresas norte-americanas vinham usando o mesmo modelo de gestão há décadas: os trabalhadores trabalhavam, os gerentes gerenciavam e a burocracia imperava – todo mundo sabia o seu lugar.

Os primeiros anos de Welch à frente da GE se caracterizaram por uma batalha constante. Para implantar sua anunciada revolução, era preciso reinventar a empresa do princípio ao fim. Daí a onda de reestruturações, fechamentos e vendas de centenas de negócios, além de mudanças nos diversos níveis gerenciais e nos métodos burocráticos da empresa.

Poucos entenderam por que foram necessárias transformações tão dramáticas. Afinal, a GE sempre foi considerada uma das melhores empresas do mundo. Mas Welch tinha identificado três fatores preocupantes: os negócios já não cresciam rápido o suficiente, a cultura corporativa não encorajava inovações e a companhia estava sucumbindo ao peso da própria estrutura.

Em *Os princípios de liderança de Jack Welch*, você acompanhará o passo-a-passo desse processo de rejuvenescimento, os bastidores da transformação e as estratégias e táticas usadas por Welch para comandar a virada e continuar crescendo – é o caso, por exemplo, da prioridade que o setor de serviços passou a ter em relação à indústria.

No capítulo "Desafie a tradição" (página 23), Welch mostra em detalhes as diferenças entre a nova maneira da GE olhar o mundo e os velhos hábitos. Na antiga GE, por exemplo, só eram consideradas válidas as idéias que surgiam dentro da companhia – o resto era chamado de NIA (Não Inventado Aqui). Welch eliminou esse preconceito. Tratou de encorajar todos os colaboradores a apresentarem as melhores sugestões.

A antiga GE também valorizava o "número de medalhas no peito", ou seja, o cargo. Welch, não. Em sua opinião, a qualidade da idéia é mais importante do que a posição hierárquica de quem a apresentou. Ele estimulou todos a darem sugestões e deixou claro que ninguém (nem mesmo ele) tinha o monopólio da criatividade.

Os próximos capítulos trazem os segredos de liderança utilizados para reescrever o destino de um dos maiores gigantes corporativos do mundo.

○ GERENCIE

◉ LIDERE

Jack Welch adora liderar pessoas, não gerenciá-las. Ele nem mesmo gosta da palavra gerente, pois ela reúne todas as características negativas associadas aos chefes – como *controle*, *repressão* e *falta de comunicação*. Welch é um líder nato, o tipo que gosta de criar uma visão e fazer com que as pessoas se apaixonem de tal forma por ela que mal consigam esperar para transformá-la em realidade. "Isso é o que faz um verdadeiro líder", afirma Welch. "Alguém que desenvolve uma idéia e motiva as pessoas a executá-la."

Ninguém tem o monopólio da liderança ou das boas idéias. Welch acredita tanto nisso que chegou a dizer que, se a GE dependesse dele para todas as soluções criativas, "naufragaria em uma hora". Em sua opinião, qualquer um pode ser líder. Basta contribuir com sugestões inovadoras e uma visão sobre o negócio: "O herói é a pessoa que traz idéias estimulantes."

Uma de suas primeiras iniciativas foi transformar tudo o que fosse novo na força vital, no combustível que movimentava a gigantesca GE. Welch tinha muita energia, espírito competitivo e habilidade para motivar as pessoas (e sempre procurava selecionar líderes que tivessem as mesmas qualidades). Ele criou uma visão para a GE ("a empresa mais competitiva do mundo") e passou duas décadas motivando a organização a transformar sua visão em realidade.

Veja o que você pode fazer para aumentar o seu Índice Welch de Liderança:

Crie uma visão e motive os outros a realizá-la: Essa é a essência da liderança, segundo Welch. Qualquer um que consiga expressar uma visão e motivar os outros a torná-la realidade pode ser um líder.

Não seja detalhista: Os líderes sabem que precisam ter uma visão abrangente e não se deixar levar pelas minúcias administrativas. Selecione excelentes profissionais para sua equipe e deixe-os fazer o seu trabalho.

Envolva todo mundo e estimule as grandes idéias: Como o objetivo é escolher as melhores idéias que aparecerem, não deixe ninguém de fora. A pessoa mais quieta da equipe, aquela que está sempre encolhida no seu canto, pode muito bem estar "sentada" sobre a melhor idéia.

"Nós procuramos líderes capazes de energizar, motivar e inspirar, em vez de irritar, deprimir e controlar."

○ SEJA MAIS FORMAL

◉ SEJA MAIS INFORMAL

Por muitos anos, a maioria das empresas foi administrada como se fosse uma organização militar. Havia "uniformes" (terno azul-escuro e camisa branca), regras de conduta ("Chegue às nove horas e não saia antes das cinco") e uma rígida cadeia de comando que definia as obrigações de cada colaborador. Generais não precisavam falar com soldados, mesmo que eles fizessem a maior parte do trabalho.

Welch achava que tamanha formalidade era contraproducente. Ele dizia que a parte da história da GE que ainda estava para ser contada seria baseada no *poder da informalidade*. Não por acaso ele não gostava que o chamassem de "Sr. Welch", preferindo "Jack", e seu "uniforme" dispensava as gravatas na maior parte do tempo. Ele conduzia encontros informais e encorajava todos a relaxar.

Em sua gestão, a GE ganhou ares informais, com salas sem divisórias ou paredes entre as diferentes áreas – a chamada "organização aberta". Welch acreditava que, sem regras, títulos ou aprovações desnecessárias, as pessoas não teriam medo de se expressar, mesmo que suas idéias fossem contrárias à cultura da empresa. Acabar com as formalidades e a rigidez, sem dúvida, ajudou a construir o sucesso da GE.

Quando Welch descobriu que os gerentes não escutavam os colaboradores nem conversavam com eles, criou o Work-Out™, um programa que virou de cabeça para baixo a hierarquia da empresa. Agora eles podiam dizer aos seus superiores o que eles deviam fazer. Esse processo revolucionário aconteceu no final dos anos 1980 e mudou para sempre o comportamento de quem trabalha na GE.

Como podemos causar um impacto semelhante em nossas empresas? Veja algumas sugestões para tornar o ambiente de trabalho mais informal:

Alivie a tensão no ambiente de trabalho: Descubra maneiras simples de aliviar a tensão: um código de vestimenta mais casual e horário flexível são algumas dicas.

Faça reuniões menos formais: Descontraia os encontros pedindo que os próprios colaboradores conduzam os trabalhos. Sugira uma reunião "sem anotações".

Promova encontros informais: Proponha que pessoas de todos os departamentos se encontrem em ocasiões informais, como churrascos no final de semana ou happy hours. A presença de familiares e amigos é bem-vinda.

"Você precisa entender como é importante manter o tipo de informalidade que encoraja todo mundo a desafiar as idéias prediletas dos chefes."

○ TOLERE A BUROCRACIA

◉ ELIMINE A BUROCRACIA

Welch é o inimigo número 1 da burocracia. Para ele, burocracia é sinônimo de despesas desnecessárias, lentidão nas decisões, aprovações dispensáveis e muitas outras coisas que matam o espírito competitivo de uma empresa. Welch assumiu a frente de combate, tentando livrar a GE de tudo que a tornava menos produtiva e menos competitiva. Em sua opinião, livrar a empresa da burocracia era uma tarefa de todos. Ele encorajava os colaboradores a brigar com ela e chutá-la de seu dia-a-dia.

Essa é a razão pela qual o *desprezo à burocracia* se tornou uma parte importante dos valores da GE, espécie de manual que compilava o conjunto de atitudes desejadas para os colaboradores da empresa. Quando um jovem universitário perguntou a Welch o que deveria fazer quando se deparasse com problemas burocráticos em uma grande organização, ele respondeu enfaticamente: "Pegue uma granada de mão e trate de explodi-la."

O presidente da GE achava que todos deveriam ao menos tentar eliminar as rotinas burocráticas. A verdade é que não se trata de uma tarefa simples. Mesmo as empresas que se mostram determinadas a eliminar esse câncer corporativo não conseguem extirpá-lo completamente. Foi por essa razão que Welch apelidou a burocracia de "Drácula do comportamento institucional". Ela sempre encontra um meio de ressuscitar.

Aqui vão algumas sugestões para você reduzir a burocracia – desde simplificar os processos, tornando a organização mais ágil e responsável, até tornar o ambiente de trabalho menos formal:

Analise o que pode ser melhorado ou eliminado: A maioria das empresas possui regras, formulários e aprovações demais. Reúna-se com seus colegas e identifique o que pode ser melhorado ou eliminado.

Agilize o processo decisório: Se a empresa leva uma semana para tomar uma decisão, é sinal de que precisa simplificar o processo decisório. Se ninguém souber explicar por que as coisas funcionam de determinada maneira, há chances de que o método seja mais complicado do que o necessário.

Acabe com as formalidades: Envie bilhetes manuscritos em vez de memorandos. Jack adorava assinar seus bilhetes apenas com o primeiro nome – nada de Jack Welch ou senhor Welch. E transforme as reuniões formais em conversas informais e sem protocolo. Isso encoraja o diálogo em todos os níveis da empresa.

"A melhor maneira de controlar o poder dos colaboradores é deixando que fiquem livres e sem a formalidade dos cargos, os grilhões da burocracia e as barreiras hierárquicas."

O NÃO SE DEIXE ENGANAR

ENCARE A REALIDADE

Jack Welch disse que os negócios, assim como a vida, se reduzem a um único aspecto: *encarar a realidade* e tomar as decisões certas baseando-se nela. Para ele, não há conceito mais importante e fundamental do que esse.

As raízes dessa fé inabalável na realidade remontam à infância de Welch. Sua mãe sempre lhe dizia que não se deixasse enganar e visse a vida como ela é, e não como ele desejava que fosse. Welch nunca esqueceu essa lição, que, aliás, se mostrou inestimável na construção do seu sucesso profissional.

Quando assumiu a presidência da GE, a maioria das pessoas achava que a empresa estava em grande forma, pois tinha acabado de ser eleita a melhor dos Estados Unidos. Welch, no entanto, encontrou uma organização com problemas graves.

Em vez de se deixar impressionar pela tradição e trajetória da GE, ele fez um diagnóstico surpreendente e preocupante para muitos: as ações estavam perdendo valor de mercado e a empresa parecia estar naufragando sob o peso da própria burocracia. Mas ele decidiu então iniciar uma *revolução* e reinventar a organização de cima a baixo.

Como sempre procurou ver as coisas como realmente eram, foi

fácil para Welch escolher o tema que nortearia o processo de mudança: "Encarar a realidade." Após mapear os setores da GE que não estavam tendo um bom desempenho, ele desenvolveu estratégias e iniciativas para melhorar a situação. De cara, decidiu vender mais de 100 áreas de negócios e demitir pelo menos 150 mil trabalhadores.

O ônus de encarar a realidade é ter que dizer e fazer coisas impopulares. Afinal de contas, quem gosta de ouvir que os negócios vão mal? Ou que as coisas não vão melhorar? Sempre que um gerente dizia isso, mas continuava fazendo tudo exatamente da mesma maneira, sem implementar uma única mudança no processo de trabalho, Welch mostrava a dura realidade dos números.

Foi assim que ele transformou uma empresa ultrapassada em uma das mais valiosas do mundo.

A seguir estão algumas dicas para ajudá-lo a ver a realidade como ela é:

Olhe para as coisas de forma imparcial: Às vezes as pessoas estão perto demais para enxergar a realidade. Para ganhar perspectiva, olhe como se estivesse de fora da situação. Outra estratégia interessante é pegar uma folha em branco e listar todos os aspectos da realidade com a qual você está lidando. Isso ajuda a ver as coisas de maneira imparcial.

Não caia na armadilha dos "falsos cenários": Muitos profissionais gostam de pensar que as coisas vão melhorar por si mesmas. Isso pode ser uma armadilha. Não invente cenários baseados em desejos. Você precisa encarar a verdade. Tenha soluções alternativas a oferecer caso não aconteça nenhuma novidade e seja necessário buscar uma nova saída.

Considere várias alternativas: O melhor momento para mudar é quando você *quer*, não quando você *precisa* mudar. Nessa situação, construa diferentes cenários para diferentes resultados. Sempre tenha um plano B se as coisas não ocorrerem conforme o planejado.

"Como levar as pessoas a embarcar num processo de mudança? Comece mostrando a realidade... Quando todos têm acesso aos mesmos fatos, eles geralmente chegam à mesma conclusão."

QUANTO MAIS COMPLICADO, MELHOR

SIMPLIFIQUE

Jack Welch não achava que os negócios tinham que ser complicados. Para ele, a simplicidade era uma das chaves do sucesso. Sua meta era "descomplicar tudo o que a GE faz e produz".

Freqüentemente Welch dizia que as pessoas quase sempre chegavam à mesma conclusão para os problemas que apareciam na medida em que tinham acesso à mesma informação. "Não é como construir um foguete para ir à Lua", declarou diversas vezes.

A simplicidade, na verdade, requer enorme *autoconfiança*. Para ele, a esperança era outro dos ingredientes vitais para qualquer organização e, como a simplicidade, ela também prospera em ambientes informais. Muitos dos programas e iniciativas foram especificamente criados para tornar a GE uma organização mais ágil.

A crença de Welch no poder transformador da simplicidade vem de sua primeira experiência profissional num pequeno laboratório de componentes plásticos da própria GE. A equipe era pequena, mas eficiente e dinâmica. Lá Welch aprendeu que menos pode ser mais. Em vez de ficar lutando contra a burocracia, ele e os colegas podiam se dar ao luxo de se dedicar apenas a desenvolver novos negócios e lançar produtos competitivos – tudo o que sempre agradou ao futuro presidente da GE.

Essa experiência no laboratório mostrou que os negócios podem ser estimulantes e não precisam de jargões técnicos ou falsas complexidades para ser bem-sucedidos. Por isso, Welch passou as quatro décadas seguintes tentando injetar doses extras de motivação e simplicidade no letárgico corpo da GE. Qualquer coisa que você fizer para simplificar o processo de trabalho será um passo em direção aos ideais de Welch.

A seguir vão algumas sugestões:

Simplifique o processo de trabalho: Muitas empresas têm formulários, processos e rotinas complicados demais. Identifique os procedimentos que desperdiçam mais tempo e chegue a um consenso com os colegas para eliminar ou simplificar todos eles.

Encoraje as pessoas a dar suas opiniões: Quando Welch se encontrava com os líderes de cada um dos negócios da GE, ele preferia não seguir cronogramas e roteiros de temas a serem discutidos. Em vez disso, encorajava as pessoas a apresentar as melhores idéias que tiveram nos últimos 90 dias.

Elimine memorandos e relatórios inúteis: Welch considerava inúteis os memorandos com cópias para todos os departamentos – preferia bilhetes simples e manuscritos. Para ele, a comunicação deveria ser simples, sem jargões ou complicações.

"Vocês não imaginam como é difícil para as pessoas ser simples, como elas têm medo de se mostrar despojadas... As pessoas decididas e francas são as mais simples."

VEJA A MUDANÇA COMO UMA AMEAÇA

VEJA A MUDANÇA COMO UMA OPORTUNIDADE

Para Jack Welch, mudar faz parte da vida e, certamente, do negócio. O modo como ele e todos na GE encaravam a mudança fez uma enorme diferença na construção do sucesso da empresa. Welch amava a sensação de novidade e dizia que a mudança estava *no sangue* dos colaboradores.

Na verdade, pouca gente gosta de alterar sua rotina. Welch foi obrigado a reconhecer esse fato logo depois de assumir a direção da GE, no início dos anos 1980. Ele percebeu que as mudanças ocorriam numa velocidade maior do que o negócio conseguia reagir. Para Welch, estava claro que a transformação radical era necessária para redirecionar a empresa para o sucesso, mas a maioria dos colaboradores não entendia por que as coisas precisavam mudar. Para eles, a empresa parecia estar indo bem.

Ao "encarar essa realidade", Welch decidiu que, para criar a companhia dos seus sonhos, teria de mudar quase tudo: o foco da empresa, os produtos, as atitudes e comportamentos, entre outros. Em seu lugar surgiria uma nova GE, muito mais flexível e competitiva.

O caminho para chegar a esse ideal de empresa estava no comprometimento de Welch e de todos os colaboradores. Era preciso alterar o enfoque do processo de mudança: em vez de ser visto como uma ameaça, ele passou a ser encarado como uma oportunidade (essa idéia era tão importante para ele que foi incorporada aos valores fundamentais da empresa).

Para ajudar a organização em que você trabalha, e a si mesmo, lembre-se de que a mudança é um insumo básico para a fábrica da vida. Ela pode trazer muitas coisas boas e, nos negócios, é freqüentemente a centelha que acende a luz de uma boa idéia, de um novo projeto ou mesmo de um produto revolucionário. Há muitas oportunidades nas mudanças. Basta prestar atenção.

A seguir vão algumas dicas para ajudá-lo na mudança em sua empresa e em sua vida:

Aprenda a lidar com o novo: Esteja sempre consciente de que a mudança o acompanha onde quer que você esteja. Se você aceitar e usar isso a seu favor, ficará numa posição de vantagem em relação àqueles que não sabem lidar com novidades.

Estimule sua capacidade de antecipação: Nem mesmo Welch previu grande parte dos acontecimentos que poderiam ameaçar a GE, como a internet. Muitas vezes a diferença entre o sucesso e o fracasso está na sua capacidade de antecipação, enquanto a concorrência fica apenas no planejamento.

Prepare sua equipe para as mudanças: Não basta você se preparar – sua equipe também precisa estar atenta. Use um enfoque positivo quando abordar o tema e trate a mudança como uma oportunidade, não como uma ameaça.

"O jogo vai mudar. E mudar radicalmente."

GERENCIE PELA AUTORIDADE

LIDERE PELA MOTIVAÇÃO

Quando Jack Welch assumiu a presidência da GE, o sistema de gestão usado era conhecido como "comando e controle", o mesmo da maioria das grandes corporações. Com origens no meio militar, o sistema se baseava no posto e no título para determinar a hierarquia de poder. Nada mais adequado, já que a GE, nessa época, estava repleta de gerentes dando ordens e fiscalizando os colaboradores. Acreditava-se que essa era a maneira mais eficaz de administrar uma empresa de grande porte.

Mas Welch descobriu uma fórmula mais eficiente. Ele não acreditava que a melhor maneira de liderar era pelo que chamou de "patente militar". Preferia usar a expressão "sem fronteiras" para descrever seu ideal de liderança, que previa ainda uma empresa aberta, livre da burocracia e de tudo o mais que restringisse o livre fluxo de idéias, pessoas e decisões.

Para ele, a verdadeira liderança é proveniente da qualidade da visão da pessoa e de sua habilidade para motivar os outros a ter uma boa performance. Os melhores gerentes não lideram pela intimidação ("faça o que eu mando porque eu sou o chefe"), e sim pela inspiração ("é assim que eu vejo a situação e essa é a maneira de você ajudar a torná-la realidade").

O estilo de liderança de Welch é especialmente importante para lidar com a complexidade das empresas de hoje. Seja você um gerente ou não, é grande a probabilidade de depender dos outros para realizar seu trabalho. Seus assistentes ficarão mais motivados se conseguirem enxergar a situação como um todo, especialmente se perceberem que você valoriza o esforço deles.

Para motivar sua equipe a ter uma performance melhor, adote as mesmas atitudes de Welch:

Nunca lidere pela intimidação: Welch considerava inútil fazer o tipo ditador, tirano, que fica dando ordens aos outros. É uma maneira ultrapassada de conduzir um negócio.

Mostre como os esforços das pessoas estão ajudando a empresa: A maioria quer ajudar, mas também quer saber como suas ações estão ajudando a empresa a atingir seus objetivos.

Envie agradecimentos manuscritos para colegas e clientes: Welch é um mestre no envio de bilhetes de agradecimento às pessoas. Poucos se preocupam com isso, o que aumenta o impacto da gentileza.

"Nós agora sabemos a origem da produtividade real e ilimitada – ela vem de equipes premiadas, movidas a desafios, estímulos e desenvolvimento de habilidades."

RESPEITE A TRADIÇÃO

DESAFIE A TRADIÇÃO

Fundada pelo inventor Thomas Edison há mais de um século, a GE é uma empresa com uma história espetacular. Pode-se dizer que Jack Welch herdou uma das instituições corporativas mais emblemáticas de seu tempo.

Todos concordam que uma empresa desse porte deveria ser respeitada pela tradição e reputação de excelência de longo prazo. Poucos esperavam que Welch desafiasse um século de história. Afinal, a GE tinha um jeito próprio de trabalhar e aparentemente não havia necessidade de mudar isso.

Mas o novo presidente não via as coisas dessa forma. Para cumprir sua promessa de criar a organização mais competitiva do mundo, era preciso *enfrentar* a tradição. O que funcionou no passado não funcionaria necessariamente no futuro. O mundo estava mudando numa velocidade assustadora, com competidores globais surgindo a cada dia, uma conjuntura econômica instável e novas tecnologias sendo lançadas freneticamente.

Nesse cenário volátil, manter o status quo era mais arriscado do que enfrentar os novos desafios. "Controle o seu destino antes que alguém o faça", Welch declarou na ocasião. Isso significava desafiar cada aspecto da história da empresa, até então conservadora em questões como sair de determinadas áreas de negócio, demitir dezenas de milhares de trabalhadores e abrir espaço para que os colaboradores dessem suas opiniões. Welch fez tudo isso, e muito mais, com um único objetivo em mente: transformar a GE na empresa número 1 do mundo.

A seguir estão algumas sugestões para você alterar o destino de sua empresa:

Descubra "por que fazemos isso dessa forma": Convide pessoas de diferentes áreas e sugira que "consertem" as práticas e os procedimentos mais tolos da empresa – há chances de que essa se transforme na melhor reunião do ano.

Convide seus colegas a dar sugestões: Selecione as melhores idéias e envie-as para seu supervisor com um bilhete curto: "Algumas idéias da equipe para aumentar nossa competitividade" ou algo do gênero. Não se esqueça de dar crédito ao autor da idéia.

Não tenha medo de contrariar o senso comum: Na GE os colaboradores eram encorajados a desafiar os chefes com novas idéias. Se você tem medo de expressar sua opinião, pode estar trabalhando na empresa errada.

"Esqueça o passo-a-passo e corra!"

OBEDEÇA A HIERARQUIA

PRIVILEGIE A INTELIGÊNCIA

Na maior parte das empresas, os gerentes mandam e os colaboradores obedecem e executam as ordens. Jack Welch considera essa uma forma desastrosa de conduzir os negócios. Por quê? Porque a mensagem é que, no fundo, *apenas* os gerentes têm boas idéias. Nada mais enganoso. Para ele, administrar significa premiar a inteligência. Quanto mais pessoas, mais idéias. O fundamental é encorajar todo mundo a apresentar suas melhores sugestões de forma que nenhum "tesouro" fique escondido na gaveta.

Welch estava consciente de que não tinha todas as respostas para os problemas da GE. Ele sabia que a única forma de obtê-las era fazer com que todos os colaboradores participassem e que suas melhores idéias fossem devidamente acolhidas e implementadas. Tratava-se de uma tarefa difícil considerando o tamanho e a diversidade dos negócios de um conglomerado como a GE.

A saída encontrada para incentivar o livre fluxo de comunicação e a troca de informações foi transformar a GE em uma empresa de aprendizado, na qual a inteligência e as boas idéias suplantavam a tradição e a hierarquia. Numa empresa desse tipo, os colaboradores tinham acesso a informações importantes e esperava-se que identificassem as oportunidades e apresentassem soluções criativas para os problemas.

Ao planejar programas e iniciativas que promovessem o aprendizado, Welch fez questão de mostrar o alto nível de comprometimento da GE com o tema. Ele queria deixar claro que não se tratava de um capricho fugaz, e sim um *modo de vida*. Até o manual de valores e comportamentos incluía o objetivo de "estar aberto para idéias de qualquer lugar".

Welch é o tipo de líder que vive conforme suas crenças. Por exemplo, quando um gerente da subsidiária inglesa mencionou que precisava encontrar um mentor, ele ficou curioso e acabou descobrindo que todos os executivos da GE na Inglaterra tiveram mentores para ensiná-los a usar a internet.

Welch adotou a idéia na hora e, em duas semanas, fez com que os mil principais executivos da empresa (incluindo ele mesmo) tivessem aulas com jovens profissionais sobre como navegar na rede mundial. Eis uma empresa de aprendizado em plena ação. Basta adotar as melhores idéias, não importa de onde elas venham.

Veja algumas sugestões para você embarcar na onda do autoaprendizado:

Observe a concorrência: Visite os sites corporativos e analise seus anúncios e catálogos para identificar o que eles fazem de diferente.

Recompense as melhores idéias: Crie prêmios que deixem todo mundo interessado – um jantar num restaurante da sua escolha, por exemplo, para quem trouxer uma nova idéia para um produto.

Aposte em treinamento contínuo: Nos últimos anos, as empresas comprometidas com o aprendizado e o treinamento é que deverão conquistar resultados significativos e de longo prazo. Treinamentos não devem ser uma segunda opção, mas um recurso básico e essencial.

> **"O desejo e a habilidade de uma empresa em aprender a partir de diversas fontes, e rapidamente passar da teoria à prática, são sua maior vantagem competitiva."**

MOVA-SE CAUTELOSAMENTE

ARRISQUE-SE DIARIAMENTE

Jack Welch tinha uma resposta pronta sempre que perguntavam sobre suas maiores realizações. Ele respondia que gostaria de ter sido mais rápido: "Estou nisso há 20 anos; se tivesse conseguido fazer tudo o que fiz em apenas 10 anos, imagino como teriam sido melhores os outros 10!"

Velocidade e rapidez são importantes para Welch. No cenário competitivo atual, no qual as mudanças acontecem em alta velocidade, ele sabe que decisões rápidas e acertadas fazem toda a diferença. Um bom exemplo ocorreu em meados dos anos 1990, quando Welch e a equipe da NBC (rede de TV nos Estados Unidos que pertence à GE) se mobilizaram para conseguir, com dois anos de antecedência, os direitos de transmissão dos Jogos Olímpicos de Barcelona.

Antes que os dirigentes de outras emissoras começassem a pensar no assunto, a NBC propôs um adiantamento de 3,5 bilhões de dólares para transmitir cinco das próximas seis olimpíadas. Se Welch tivesse hesitado, a NBC teria perdido a parada.

No mundo globalizado, o tempo é um ativo cada vez mais fluido. Pequenos atrasos ou indecisões podem levar uma empresa a ser excluída do próprio mercado. Para evitar que algo do tipo ocorresse na GE, Welch exortava todo mundo a ser dinâmico e ágil. Isso significava movimentar-se mais rapidamente do que a concorrência para fechar negócios, agradar aos clientes e aproveitar as oportunidades.

A tradicional lentidão dos vários níveis gerenciais que se traduzia em perda de oportunidades precisava acabar. Nada de obter várias autorizações antes de tomar decisões importantes. A maior parte das estratégias de Welch tinha um único foco: libertar os trabalhadores. "A idéia era retirar a bola de ferro e as correntes dos pés para que eles pudessem ter mais rapidez e agilidade."

Para você conseguir maior competitividade e alta performance, incorpore algumas das melhores idéias de Welch:

Tempo é dinheiro: Não desperdice seu tempo. Não há um instante sequer a perder. Saboreie cada minuto de vantagem e saiba que mesmo um pequeno atraso pode significar a perda de um negócio importante.

Acelere a tomada de decisões: Com o ritmo acelerado de hoje, você não tem tempo para pensar nas coisas. Não demore a tomar decisões. Esvazie a "caixa de entrada" e fique livre para procurar novas oportunidades.

Dedique-se integralmente: Não há nada que substitua a obstinação. Quando você estiver pronto para ir para casa após uma longa jornada de trabalho, fique mais alguns minutos e adiante as tarefas do dia seguinte. Uma última ligação para um cliente importante pode significar o fechamento de um novo negócio.

"Mexa-se. Qualquer um que fique parado certamente perderá contato com a realidade."

COLOQUE OS RESULTADOS EM PRIMEIRO LUGAR

COLOQUE OS VALORES EM PRIMEIRO LUGAR

Muitos gerentes passam a maior parte do tempo esgrimindo "números" de faturamento, de rentabilidade, de mercado, etc. Como essa é a maneira mais confiável de avaliar o desempenho e a produtividade de uma empresa, eles parecem nunca se cansar da brincadeira. A verdade é que a maioria das empresas privilegia os resultados, em vez de enfatizar os valores e comportamentos que integram os códigos de conduta de uma organização.

Será que Jack Welch não se preocupava com os números no final do mês? Claro que sim. Seu principal objetivo sempre foi tornar a empresa cada vez mais bem-sucedida. Ele apenas achava que, se os colaboradores também fossem estimulados a vivenciar os valores no dia-a-dia, tudo funcionaria melhor.

Ele estava tão determinado que criou uma regra radical: quem não estivesse praticando os valores da empresa seria demitido. Mesmo gerentes bem-sucedidos, que cumprissem as metas e obtivessem bons "números" mas não se comprometessem com os valores da empresa, seriam penalizados.

Outra contradição que Welch combateu foi a política de manter pessoas competentes porém tirânicas no trato com os colaboradores. Ele certamente daria uma segunda chance ao gerente que não batesse as metas mas mostrasse um comportamento em sintonia com o código de conduta da GE. O contrário, não.

Atualizado e revisado com freqüência, esse código de valores e comportamentos não se baseava em idéias antiquadas de etiqueta. Nada disso. Ele tratava de assuntos do dia-a-dia do negócio, como estratégias para agradar aos clientes, desprezar a burocracia, desenvolver uma visão global e abrir a mente para novas idéias, entre outros.

Para que você perceba a importância desse código de valores em sua vida profissional, considere o seguinte:

Não fique refém dos números: Fale menos em resultados. É óbvio que há momentos em que eles precisam ser discutidos, mas não faça isso o dia inteiro. Tente se concentrar nos comportamentos e ações que agradem aos clientes e conquistem novos negócios.

Lidere pelo exemplo: Welch sempre buscou pessoas que "faziam o que falavam", ou seja, que vivessem em sintonia com os valores da empresa. Mesmo que você não seja um alto executivo, pode mostrar o que é importante aos outros.

Deixe os valores éticos comandarem: Welch fazia questão de deixar bem claro para todos que na GE os valores tinham grande importância, inclusive no processo de seleção e na política de promoções. Dê apoio e encorajamento aos colaboradores que representem os valores mais importantes da organização.

> **"No início da minha carreira, todo mundo só se preocupava com os números... poucos pensavam em valores mais humanos, como montar uma equipe, compartilhar idéias e motivar os outros."**

GERENCIE TUDO

GERENCIE MENOS

Quando Jack Welch assumiu a presidência da GE, encontrou um mar de burocracias, aprovações e todo tipo de procedimentos que só serviam para minar o espírito competitivo da empresa. Para acabar com esse desperdício de tempo e dinheiro, ele exortava os gerentes a delegar *mais* e a interferir *menos*. As pessoas deveriam tomar suas próprias decisões, sem tanta interferência gerencial.

Como os negócios dependem da inteligência, os colaboradores passaram a ser encorajados a pensar por eles mesmos e a se auto-administrar. Ao incentivar o livre pensamento e a autonomia, as empresas se preparam melhor para enfrentar o cenário ultracompetitivo atual. O oposto acontece nas empresas que valorizam o gerenciamento do detalhe. Nesse caso, todo mundo tem medo de pensar e agir por conta própria – o que gera demora na tomada de decisões ou erros e, sem dúvida, deixa a empresa menos competitiva.

Para Welch, fornecer as ferramentas e a habilitação necessárias para que todos melhorem seu desempenho é responsabilidade da empresa. Ao investir em treinamento e priorizar o aprendizado na GE, ele preparou a equipe para assumir as responsabilidades do próprio trabalho.

A partir do momento em que isso acontece com naturalidade,

os gerentes podem se concentrar na essência do seu trabalho, que é criar uma visão e liderar a equipe naquela direção. Profissionais detalhistas acabam se envolvendo em minúcias sem importância e perdem a visão do todo.

Como grande parte do negócio depende da maneira como entendemos a realidade e lidamos com ela, as pessoas detalhistas são um fator altamente perturbador. Concentrar a atenção em detalhes banais pode impedir que se enxergue a realidade.

Para evitar se tornar um gerente detalhista, siga as seguintes sugestões:

Mantenha o foco em seus objetivos: Não perca a concentração. Aproveite períodos mais tranqüilos para descobrir exatamente o que você precisa fazer para atingir suas metas.

Gerencie menos: Se você está exagerando no gerenciamento, descubra a razão. Será que é porque os colaboradores estão recebendo pouco treinamento? Ou será que sua personalidade compulsiva o impede de relaxar? Encare a realidade e tome as providências necessárias.

Delegue poder e saia do caminho: Você não conseguirá fazer tudo sozinho. Welch sempre dizia que a chave para a liderança é desenvolver e formar grandes líderes. Você nunca saberá aonde a pessoa pode chegar se não lhe der oportunidade de tentar.

"Você não pode gerenciar a autoconfiança das pessoas."

ENVOLVA AS PESSOAS-CHAVE

ENVOLVA TODO MUNDO

Para Jack Welch, "esporte é tudo". Quando ele se tornou presidente da GE, poucos executivos utilizavam o jargão esportivo para descrever os negócios. Mas Welch gostava de exortar os gerentes a "envolver todo mundo no jogo". Afinal, as táticas, as jogadas e as estratégias desenvolvidas nas quadras e campos esportivos, sem dúvida, o ajudaram a moldar suas habilidades de liderança.

Welch considerava a linguagem administrativa muito restrita e freqüentemente recorria ao esporte para mostrar sua paixão por liderança. Como todo negócio precisa de idéias, inteligência e o comprometimento de cada cérebro disponível, ele achava que não podia se dar ao luxo de deixar um jogador no banco de reservas. Sua primeira iniciativa nessa direção foi o programa Work-Out, criado especialmente para dar voz a todos os colaboradores. Dali em diante, qualquer um podia dar sua opinião sobre como as coisas deveriam ser.

A filosofia de Welch contrariava a sabedoria tradicional dos negócios, que até então se resumia a colaboradores trabalhando, gerentes gerenciando e ponto final. Muitos até tinham "idéias excelentes sobre como melhorar os processos", mas o problema é que ninguém se interessava por elas. Ao envolver todos os níveis hierárquicos, Welch criou um novo processo de trabalho: as decisões não seriam mais tomadas com base no cargo ou na cadeia de comando.

Na GE de Welch, vencia quem apresentava a melhor idéia. As sugestões interessantes passaram a ser recompensadas e celebradas, o que encorajava todo mundo a dar sua contribuição. Foi instalado um sistema de meritocracia em que todo processo de contratação e de promoção interna valorizava os méritos de cada um, ou seja, os mais trabalhadores, mais dedicados, mais bem-dotados intelectualmente, etc.

Fazer carreira passou a ser um processo aberto, sem segredos. Era recompensado quem vivenciava os valores da empresa, demonstrava ousadia e alcançava as metas. Welch chamava os colaboradores com esse perfil de "jogadores excelentes" e freqüentemente se referia à GE como "uma empresa A+".

Welch foi bem-sucedido porque conseguiu envolver um número grande de pessoas no jogo. Para seguir o mesmo caminho, veja as dicas abaixo:

Participe mais: Para incentivar o comprometimento de todos, é melhor começar com você mesmo. Um exemplo: diga a seu chefe que você quer ajudá-lo a atingir as metas e pergunte o que você pode fazer nesse sentido.

Estimule a liberdade de expressão: O comprometimento de toda a equipe fica mais fácil quando cada pessoa se sente confortável e segura para expressar suas opiniões.

Sugira reuniões informais: Algumas pessoas ficam intimidadas com reuniões formais. Reserve a sala de reunião e sugira um almoço do tipo "cada um leva seu lanche". Peça a todos que tragam pelo menos uma idéia de como melhorar as coisas na empresa.

"O mundo dos negócios tem a ver com conquistar a inteligência de cada pessoa. Quanto mais pessoas você cativar, maior será a inteligência."

MANTENHA SUA LISTA DE COMPROMISSOS

REESCREVA SUA LISTA DE COMPROMISSOS

Jack Welch sempre buscou gerentes e colaboradores que encarassem a mudança como uma oportunidade, não como uma ameaça. Ao se comprometer com novas idéias e uma performance mais eficiente, esses profissionais definiriam o futuro da GE, tornando-a uma empresa ágil e capaz de resistir a qualquer tempestade.

Quando um gerente perguntou a Welch sobre o momento em que poderia dizer aos colaboradores que a mudança acabara, o presidente respondeu sem hesitação: "Diga-lhes que a mudança nunca vai acabar." É preciso estar disposto a reescrever sua lista de compromissos todos os dias, se necessário.

Quem se compromete com a mudança sabe que o processo é permanente. As coisas mudam, ou melhor, *tudo* muda o tempo todo – a concorrência, os mercados, a economia, a tecnologia, etc. Considerando esse cenário variável, as pessoas acostumadas a lidar com o inesperado acabam se sobressaindo e tendo ótimos desempenhos.

Quando Welch se tornou presidente, muitos esperavam que ele apresentasse uma grande estratégia para guiar a empresa. A questão é que ele não acredita em planos detalhados de longo prazo. Para explicar sua posição, citou o general prussiano Carl von Clausewitz, autor do livro *Da guerra,* falecido há cerca de 150 anos: "As pessoas não podem reduzir a estratégia a uma fórmula. O planejamento detalhado necessariamente fracassa por causa dos atritos inevitáveis que ocorrerão."

Welch considerava contraproducente desenvolver uma estratégia de 10 anos, pois ela se tornaria inútil conforme a conjuntura fosse mudando. Ele preferia relacionar algumas idéias e definir metas de orientação. Tomou a decisão, por exemplo, de concentrar os interesses da GE apenas nos "negócios vencedores", com os quais ocupasse o primeiro ou o segundo lugar no mercado.

Essas seriam as áreas de maior rentabilidade, particularmente em tempos difíceis, explicou. Deu certo. Ao estabelecer poucos porém sólidos marcos de orientação para a organização, Welch estabeleceu as bases para as muitas iniciativas que tornariam a GE a empresa mais valiosa do mundo.

Você também pode reescrever sua lista de compromissos. Para isso, observe o seguinte:

Não faça planejamentos longos: Essa estratégia vale tanto para a empresa quanto para a sua carreira: não desenvolva um plano de longo prazo nem se obrigue a cumpri-lo cegamente. Ter metas de longo prazo é bom, mas é preciso ter flexibilidade e disposição para mudar quando as circunstâncias exigirem.

Desenvolva planos e opções alternativos: Como você não tem bola de cristal, é melhor criar planos e opções alternativos. Essa estratégia pode ajudá-lo a se manter bem posicionado caso o cenário de negócios mude bruscamente rumo a uma direção inesperada e você seja obrigado a oferecer soluções rápidas e certeiras.

Prepare-se para o inesperado: Lembre-se de que mesmo os melhores planos podem não funcionar. Esteja preparado para qualquer surpresa. Isso pode colocá-lo em posição vantajosa caso a concorrência precise refazer o planejamento.

"Queremos ser uma empresa que está sempre se renovando, se libertando do passado e se adaptando aos novos tempos."

NÃO SE APRESSE

TOME DECISÕES RAPIDAMENTE

Um dos maiores defeitos das grandes empresas é que elas têm pouca agilidade. Como estava determinado a criar uma nova GE, Jack Welch decidiu remover todos os quebra-molas (leia-se burocracia), tudo que reduzisse a velocidade da empresa. Extinguiu diversos níveis gerenciais, enfatizou os processos informais e deu mais autonomia aos colaboradores – essas foram as principais estratégias criadas para acelerar o processo de tomada de decisões. Durante anos ele disse que seu objetivo era introduzir uma alma de empresa pequena "no grande corpo da GE".

Welch apostava na percepção dos pequenos empresários sobre "as conseqüências negativas de hesitar na hora de tomar uma decisão". Para ele, o ideal seria gerenciar a GE como "uma mercearia da esquina", onde o dono conhece os clientes pelo nome, sabe o que compram e se gostaram ou não dos produtos vendidos.

Ele realmente acreditava que a GE poderia ser administrada dessa forma. Ecos de sua experiência num pequeno laboratório da divisão de plásticos da empresa, onde não existiam nem os infinitos níveis gerenciais nem a burocracia que caracterizava a empresa-mãe. O primeiro emprego de Welch mostrou que a administração de um negócio pode ser rápida e estimulante – algo bem diferente da politicagem, dos vários níveis hierárquicos e dos intrincados relatórios de mil páginas que a máquina da GE exigia de seus colaboradores.

Welch sempre aliou a velocidade de decisão a dois outros conceitos que são sua marca registrada: simplicidade e autoconfiança. Ao implantar esses princípios, ele criou as bases para uma empresa que incorpora a velocidade no centro de todos os processos. No discurso de despedida que fez para os acionistas da GE, fez questão de mostrar que a empresa estava se tornando mais rápida a cada dia.

A seguir relacionamos algumas ações para você acelerar a velocidade em sua mercearia da esquina:

Tome decisões sem hesitar: Quantas vezes você protelou uma decisão em vez de executá-la na hora? Faça questão de decidir assim que os problemas surgirem.

Comunique-se cada vez mais rapidamente: Use e-mail em vez de fax ou memorandos por escrito. As comunicações mais diretas são as melhores, embora você possa querer enviar notas manuscritas se a situação for realmente delicada.

Aumente a velocidade em todas as atividades e processos: Ainda que a GE tenha ficado muito mais ágil, Welch acha que o tempo mostrará que a empresa atual ainda é lenta quando comparada com a do futuro. Torne a velocidade um hábito e desafie seus chefes e colegas a fazerem o mesmo.

"Velocidade é um fator indispensável para a competitividade."

REDUZA A ANSIEDADE

AUMENTE A CONFIANÇA

Depois dos primeiros anos à frente da GE, Jack Welch percebeu que o moral dos colaboradores tinha diminuído. O ritmo acelerado de mudanças, as demissões em massa e a venda de dezenas de negócios – era normal que as pessoas tivessem a sensação nada confortável de que as coisas tinham virado de cabeça para baixo.

Como uma força de trabalho motivada é fundamental para alcançar as metas estabelecidas, Welch percebeu a necessidade de entrar numa "fase leve" – era preciso reconstruir a confiança na organização.

Além da velocidade e da simplicidade, a autoconfiança foi uma parte vital de sua estratégia. "A burocracia teme a velocidade e odeia a simplicidade. É preciso ter muita autoconfiança para ser simples", dizia Welch.

Uma das principais ferramentas dessa "fase leve" foi o projeto Work-Out, que possibilitava às pessoas apresentarem suas idéias e garantia que elas seriam devidamente analisadas. Foram criados fóruns para a discussão de idéias, o que repercutiu profundamente, aumentando a confiança em todos os níveis gerenciais. A responsabilidade de cada líder era criar uma visão simples e clara. E qualquer obstáculo que surgisse deveria ser removido, porque a burocracia é a inimiga natural da autoconfiança. Ao ajudar as pessoas a atingirem suas metas, Welch insuflou confiança ao longo de toda a empresa.

Outra forma usada para disseminar confiança foi o Sistema Operacional da GE, um processo de divulgação da mentalidade de conhecimento e aprendizado em todas as áreas da empresa. Isso atingia desde os projetos Work-Out e Seis Sigma, de melhoria contínua de qualidade, até reuniões, cursos e treinamentos.

Welch também insistiu no repasse de autonomia aos gerentes e colaboradores, de forma que eles passassem a assumir a responsabilidade sobre o seu desenvolvimento profissional. Está provado que nada aumenta tanto a confiança quanto uma boa conquista, e foi exatamente esse binômio que ajudou a GE a se tornar a corporação mais competitiva do mundo.

Welch dizia que a principal competência da empresa é desenvolver talentos: "No final das contas, são as grandes pessoas que fazem as coisas acontecerem."

Veja algumas lições para aumentar a autoconfiança em sua organização:

Mostre às pessoas que você valoriza suas idéias: Todos querem que suas idéias sejam valorizadas (essa era a lição do projeto Work-Out). Você pode aumentar a confiança de sua equipe simplesmente demonstrando que valoriza as idéias apresentadas por seus colegas.

Desburocratize o processo de trabalho: Simplifique os processos de trabalho, de forma que as pessoas conquistem mais facilmente suas metas. Ter idéias significa se comunicar de modo mais informal e dar agilidade aos processos burocratizados.

Educação e treinamento sempre na ordem do dia: Buscar treinamento deve ser sua meta pessoal. Que tal fazer aquele mestrado que você sempre sonhou? Ou aquele curso de especialização? Educação e aprendizado são esforços de uma vida inteira.

"Da mesma forma que a velocidade flui da simplicidade, a simplicidade se baseia na autoconfiança."

~~ESTABELEÇA METAS MODESTAS~~

ESTABELEÇA METAS AMBICIOSAS

A maior contribuição individual de Jack Welch para a teoria da liderança foi reconhecer que as pessoas são o principal meio de aumentar a produtividade e levar a empresa ao sucesso.

Welch acreditava não haver limite para o potencial humano. Foi o que ele quis dizer com a expressão "O limão tem uma quantidade ilimitada de suco", que é um dos principais pilares da filosofia de sua administração e representa uma enorme revolução em relação à tradicional visão dos negócios.

O estilo de gerenciamento era o mesmo há décadas – o "método científico" em que os trabalhadores eram vistos como engrenagens no mundo dos negócios. Ninguém se preocupava em perguntar a opinião deles nem ouvia suas sugestões sobre como melhorar a produtividade da linha de montagem. Essa mentalidade utilitária estava matando as grandes corporações, mas poucos executivos tinham se dado conta disso.

Welch escolheu um modelo de gestão em que as idéias e a inteligência predominavam sobre a hierarquia e a burocracia. Ele queria que a melhor idéia fosse escolhida e que ela afetasse a maneira como a empresa funciona. O único limite para a contribuição individual seria o que a organização espera de cada colaborador.

Welch impôs metas ambiciosas de acordo com esse pressuposto. Se os profissionais têm um potencial ilimitado, então a empresa é responsável por usar de forma vantajosa esse potencial. A melhor maneira de conseguir isso é dando condições para as pessoas "alcançarem as estrelas". Ele sabia que só é possível descobrir a capacidade de alguém se lhe for dada oportunidade de mostrá-la.

Esse sistema de metas ambiciosas acabou virando um estilo de vida na GE. Nada de estabelecer objetivos modestos nem celebrar a mediocridade. Em vez disso, a companhia perguntava: "Até onde você é bom?"

Welch adotava esse clima de "testar os limites" até na hora de definir os investimentos da empresa. Ele detestava orçamentos conservadores porque não desafiavam as pessoas. Ele chamava o processo de previsão orçamentária realizado pela maioria das empresas de "exercício de minimização". Ele preferia almejar o impossível e se aproximar ao máximo do possível.

A seguir estão algumas fórmulas para incorporar a ambição em seu planejamento:

Busque o impossível: Não se contente com a mediocridade. A chave para uma meta ambiciosa está em estabelecer um objetivo aparentemente impossível. Não pense pequeno, achando que irá fracassar. É melhor almejar o impossível do que aceitar um desempenho medíocre.

Pense grande: "Em um mundo voltado para a velocidade, os décimos de segundo não representam nada", declarou o presidente da GE. A mensagem é clara: não valorize o pensamento detalhista. Em vez disso, apóie metas e pensamentos ambiciosos – da diretoria ao chão de fábrica.

Não se recrimine, ou aos outros, por não atingir a meta: O objetivo de fixar uma meta ambiciosa é questionar até onde pode ir sua performance profissional. Punições para quem não bater a meta não fazem parte da cartilha de Welch. Para ele, já merece comemoração chegar a 12 numa escala de 15 pontos.

"Pessoas autoconfiantes sabem que o que realmente importa é a qualidade do seu esforço para atingir o 'impossível'."

RESPEITE OS LIMITES

ELIMINE OS LIMITES

Para que os profissionais se sentissem livres para sonhar com o impossível, Jack Welch sabia que era necessário remover os obstáculos que atrapalham o desempenho na maioria das grandes corporações. A GE não era exceção e, por isso mesmo, ele criou a estratégia "sem limites". Seu objetivo era eliminar os empecilhos que mantinham os colaboradores separados das idéias, dos colegas e de tudo o mais que encontrasse pelo caminho.

Welch deparou-se com limites de todo tipo na GE: os *verticais*, que mantinham uma distância regulamentar hierárquica; os *horizontais,* que conservavam a independência dos departamentos (como marketing e produção); os *externos*, que colocavam clientes e fornecedores em nichos; e os *geográficos*, que promoviam a separação por países.

Uma de suas missões passou a ser o combate a cada um desses limites – responsáveis, em sua opinião, pelos problemas que a GE vinha enfrentando. O projeto Work-Out, por exemplo, mudou a forma de trabalhar e isso contribuiu fortemente para a eliminação dos limites verticais e horizontais. Mas a ação mais consistente acabou sendo a globalização, pois seu crescimento vertiginoso forçou a eliminação das barreiras geográficas.

Outras iniciativas, como o programa de qualidade Seis Sigma e o programa de automatização e-Iniciative (digitalização de documentos e a migração de todos os processos), foram fundamentais para eliminar os limites externos.

Ao derrubar todas essas barreiras, Welch criou um ambiente aberto e confiável no qual todos se sentiam livres para apresentar novas idéias. Em uma organização assim, as informações fluem mais, facilitando a circulação de decisões, idéias, pessoas e tudo o mais.

A adoção de um comportamento corporativo "sem limites", sem dúvida, ajudou a GE a se livrar de maus hábitos históricos. Foi assim que Welch construiu uma organização que valorizava o aprendizado e pôde usar o sistema operacional corporativo – o modo como as idéias se transformam em ações – para construir a inteligência da empresa. Ao criar uma cultura onde as idéias governam, ele demonstrou seu comprometimento com o treinamento, aumentando ainda mais o comportamento livre e "sem limites" de seus colaboradores.

Ainda que poucos de nós dirijamos grandes empresas, há ações que podemos adotar para eliminar os limites dentro das empresas em que trabalhamos:

Mantenha os olhos e ouvidos bem abertos: Algumas das barreiras mais destrutivas que Welch encontrou eram as que separavam os colaboradores uns dos outros. Ao envolver e escutar todo mundo, você remove as barreiras verticais e horizontais. Escute com especial atenção quem está mais perto do dia-a-dia do trabalho e dos clientes.

Olhe em volta à procura de novidades: Não tenha preconceitos: nem sempre as novidades que vêm de fora da empresa são ruins. Welch dizia que parte do trabalho de cada colaborador era descobrir novas idéias.

Elimine os limites: Mesmo no último ano na direção da GE, Welch continuou atacando a burocracia. Lembre-se de que implantar uma empresa "sem limites" é quase um estilo de vida – que não pode ser alvo de uma única investida e depois ser esquecido. O processo de motivação e de aprendizado é permanente, assim como o incentivo a outros comportamentos desafiadores.

"O comportamento 'sem limites' avalia as idéias segundo o mérito, não pelo cargo de quem as apresentou."

APRESENTE UM PLANO DETALHADO

EXPRESSE UMA VISÃO

Jack Welch sempre disse que o principal produto da GE não eram motores de avião ou turbinas movidas a gás, mas pessoas. Não por acaso uma de suas maiores qualidades era a capacidade de selecionar e desenvolver os melhores talentos e deixá-los conduzir os negócios.

Welch achava que os melhores líderes devem encorajar o pensamento original. Nada de ficar dizendo aos colaboradores o que eles têm de fazer. Para ele, os melhores líderes são aqueles que têm idéias novas e articulam uma meta que inspire e motive os outros a agir.

Ironicamente, nos anos 1950, a GE tinha formado uma equipe de especialistas em administração para criar um extenso documento com respostas a muitos problemas que afetavam o dia-a-dia dos negócios. Ou seja, a política do "leia e obedeça" que Welch lutava para tirar de cena.

Em um de seus primeiros discursos como presidente, Welch explicou que não apresentaria nenhuma grande estratégia, missão ou roteiro de realizações para a empresa.

Em vez disso, ele ofereceria uma visão inspiradora sobre a organização e algumas metas claras. Nada de minúcias e detalhes, e sim idéias estimulantes para que os outros as transformassem em ações concretas.

Há diversas razões para explicar a superioridade de uma visão geral em face de um planejamento detalhado. A primeira trata da responsabilidade do líder em apresentar uma visão e da equipe em transformar esse projeto. Exagerar no gerenciamento significa perder tempo. É preferível apresentar uma direção geral e delegar poder para os colaboradores determinarem a rota mais adequada.

Equipes confiantes sempre têm mais conquistas a exibir do que equipes hesitantes. Para que seu time fique cada vez mais seguro, dê autonomia na tomada de decisões. Estabeleça metas ambiciosas e, se seus colaboradores não conseguirem alcançá-las, não os puna por tentar. O segredo é ajudá-los a atingir o inatingível e congratulá-los se chegarem perto. Isso estabelece uma relação de confiança e os prepara para grandes desafios.

Para descobrir se você é um líder visionário ou um gerente minucioso, leve em conta as seguintes características:

Escreva a visão e a apresente: Para articular uma visão, é necessário primeiro ter uma e conhecê-la profundamente. Habitue-se a colocar no papel a sua visão e descrever as formas como pretende apresentá-la à sua equipe.

Ofereça as condições de trabalho necessárias: Ao expressar uma idéia, não se preocupe com os detalhes. Como líder, seu trabalho é apresentar a visão e se certificar de que possui os melhores profissionais para realizá-la.

Contrate e promova quem conseguir transformar uma visão em realidade: Ao entrevistar candidatos, peça que expliquem como enfrentariam um problema especialmente complicado. Quem responder de forma mais articulada, com idéias inovadoras, estará mais capacitado a integrar sua equipe. Promova quem tem o maior histórico de realizações.

"Líderes – de Roosevelt e Churchill a Reagan, vale qualquer um – inspiram as pessoas com visões claras de como as coisas podem ser melhoradas."

APRENDA O QUE A EMPRESA TEM A ENSINAR

BOAS IDÉIAS SÃO BEM-VINDAS

A sólida cultura corporativa da GE tinha vantagens e desvantagens. Um dos pontos negativos era o aparente desprezo da empresa por qualquer idéia que não tivesse origem na própria organização. Havia até um termo para isso: NIA, ou seja, "Não Inventado Aqui". Se a idéia não tivesse a assinatura da GE, não teria valor nenhum.

Jack Welch era radicalmente contra essa forma de conduzir uma empresa. Para ele, idéias são o que há de mais valioso. Garimpar soluções inovadoras no mercado não é apenas uma tarefa desejável, mas o trabalho em si.

O Seis Sigma, programa de qualidade que "mudou o DNA da GE", não tem a assinatura da GE, mas da Morotola. Welch se orgulhava de ter conhecido o Seis Sigma em outra companhia e tratou de usar o exemplo como slogan para divulgar sua proposta. "Alguém, em algum lugar, tem uma idéia melhor" – eis a máxima que se tornou uma das forças motoras da GE na segunda década de Welch à frente da empresa.

Welch vivia de acordo com esse pensamento. A ponto de incorporá-lo ao manual de ética da GE e citá-lo até mesmo no discurso da assembléia anual de acionistas. Ele fazia questão de afirmar, e reafirmar, sua crença de que, na GE, é a melhor idéia que triunfa.

Em Crotonville, famoso centro de treinamento no Estado de Nova York, os gerentes criticavam as idéias do presidente em discussões acaloradas em que ele estava presente. O incrível é que Welch mudava de opinião se considerasse as críticas procedentes. Foi o que aconteceu quando um grupo combateu a visão darwiniana dos negócios de Welch – ele mudou sua opinião sobre o assunto.

Veja algumas coisas que você pode fazer para que as idéias triunfem em sua organização:

Não acredite que você ou a empresa tem todas as respostas: É a regra número 1 para uma empresa que aposta no aprendizado. Se você achar que sabe tudo, não procurará melhores idéias.

Estude a concorrência: Welch achava que um dos melhores lugares para absorver boas idéias é a concorrência. Reserve uma hora por semana para estudar os portais da internet, catálogos de produtos e qualquer outra coisa que mostre as últimas ações de seus principais competidores.

Demonstre seu interesse por boas idéias, independentemente da fonte: É preciso que seus colaboradores saibam que você quer ouvir novidades e sugestões e os incentiva a procurá-las em qualquer lugar. Congratule aqueles que trouxerem algo novo. Isso estimula a cultura de novas idéias dentro da empresa.

"É uma questão de honra aprender alguma coisa, não importa de onde venha."

SUPERE TODO MUNDO

ESTIMULE O DESEMPENHO DOS OUTROS

Por mais que a melhoria do desempenho e resultados sejam fatores importantes para Jack Welch, turbinar a performance de uma equipe é o que realmente importa. Antigamente era aceitável vociferar ordens para os colaboradores e tratá-los de forma tirânica. Afinal, de que outra forma você conseguiria que as pessoas fizessem o que deveriam fazer? Welch mudou as regras desse jogo. Não mais aceitava que o bom desempenho tivesse origem na intimidação ou no exibicionismo da chefia. Para deixar as regras bem claras, ele definiu o perfil ideal do corpo gerencial e isso significava ter os Quatro Es da liderança:

Energia: É preciso ter imensa energia pessoal.

Energização: É preciso transmitir energia para as equipes, sem intimidá-las.

Entusiasmo: É preciso ter entusiasmo competitivo e o desejo de vencer.

Execução: É preciso ter um incrível histórico de realizações.

Welch passou a usar os Quatro Es para descrever o líder ideal. Ele queria apenas os jogadores "de nível de seleção" para a GE – ou seja, quem vivenciasse os valores da empresa e conseguisse grandes realizações.

Para ter certeza de que os gerentes estimulariam suas equipes a ter um melhor desempenho, Welch partiu para o óbvio – deu o exemplo. Sua excelência nos Quatro Es sempre foi comentada: ele tinha grande energia pessoal, uma enorme capacidade de motivar os outros, um espírito competitivo incrível e um incomparável recorde de realizações.

Essa é a chave para o fenômeno Welch. Se ele não tivesse todas as qualidades que pregava, não conseguiria comandar a empresa por tanto tempo nem realizar tantas mudanças radicais. Agora o desafio é conseguir que outros executem a nossa visão. Qual é a chave para energizar as pessoas?

Welch disse que os líderes com visão têm mais chance de fazer as pessoas executarem o que eles planejam. Outro fator importante é o desejo de implementar a melhor idéia, não importando quem a apresentou.

Se você deixar claro que sempre escolherá o caminho mais inteligente (ou seja, a melhor idéia), as pessoas o seguirão a qualquer lugar. É preciso acreditar que "as idéias importam mais do que o cargo".

A seguir, três formas de aumentar o desempenho da equipe e, conseqüentemente, a qualidade dos resultados:

Evite agir de forma tirânica: Os líderes de alto nível não agem de modo tirânico ou ditatorial. Eles não gritam ordens, não dificultam o trabalho das pessoas, nem recebem sozinhos os créditos.

Use o diálogo como arma de convencimento: Uma das chaves para o desempenho de excelência é fazer com que cada profissional se supere. Sua arma de convencimento é o diálogo, que sempre eleva a inteligência da organização.

Deixe claro que a melhor idéia triunfará: Distribuir agradecimentos e recompensas a quem apresenta novas idéias é um poderoso estímulo. Se as pessoas tiverem certeza que você implementará a melhor idéia, ficarão ainda mais motivadas para apresentá-las.

"Aumentar a autoconfiança das pessoas é, de longe, a coisa mais importante que você pode fazer."

QUALIDADE É UM TRABALHO GERENCIAL

QUALIDADE É O SEU TRABALHO

A GE sempre foi conhecida pela qualidade excepcional dos produtos que fabrica. De geladeiras, fogões e outros aparelhos domésticos a turbinas de hidrelétricas e equipamentos médicos, poucas empresas apresentam um catálogo tão rico. Jack Welch nunca duvidou da posição da GE entre os melhores fabricantes do mundo e, por isso mesmo, qualidade não foi uma prioridade durante os seus primeiros anos de liderança.

Uma pesquisa realizada em 1995, no entanto, mudou sua concepção em relação à tão propalada qualidade dos produtos GE. Ela mostrou que os colaboradores achavam que a qualidade dos produtos era menor do que deveria ser. Isso levou Welch a lançar a iniciativa mais ambiciosa de sua carreira. Ele tinha ouvido falar muito bem do programa de qualidade da Morotola, o Seis Sigma, responsável pela redução do número de erros e defeitos na linha de montagem e que causou grande impacto no sistema de qualidade e na produtividade da GE.

Welch acabou se interessando tanto pelo tema que escreveu um livro. Na verdade, qualidade virou um tema-obsessão para ele, a ponto de vincular o bônus de final de ano dos gerentes aos resultados do Seis Sigma e as promoções à participação em pelo menos um dos treinamentos. Welch chegou a dizer que o futuro da empresa dependia da eficiência do programa de qualidade.

Quando ele nomeou seu sucessor na direção da companhia, cumpriu o que prometera. Jeff Immelt, veterano com 20 anos na GE, estudou matemática aplicada e sempre foi um dos maiores defensores da iniciativa de qualidade.

Veja o que você pode fazer para aumentar a qualidade de produtos e serviços em sua empresa:

Tenha orgulho de seu trabalho: Você não precisa lançar um programa de qualidade para fazer diferença. Certifique-se de aprimorar tudo o que você fizer, seja um memorando, uma sugestão de mudança de processo ou um relatório.

Procure melhorar suas habilidades: Estimule a empresa a oferecer treinamento em qualidade, se já não existir. Além disso, você pode acelerar seu aprendizado fazendo cursos de extensão – em uma universidade ou mesmo via internet.

Incorpore o conceito de qualidade ao seu dia-a-dia: A melhor maneira de garantir qualidade é entender que ela faz parte do seu trabalho 24 horas por dia, sete dias por semana.

"O Seis Sigma é a ferramenta de treinamento mais importante que nós já tivemos. É melhor do que ir à Harvard Business School."

MUDANÇA COM DATA PARA TERMINAR

MUDANÇAS NUNCA TERMINAM

Um dos segredos para lidar bem com o conceito de mudança é entender que ela veio para ficar. Não se trata apenas de um modismo. As empresas que incorporaram esse conceito e conseguiram incuti-lo na alma dos colaboradores têm se saído melhor do que as que não o fizeram. Da mesma forma, o colaborador que tiver a capacidade de enxergar a mudança como uma oportunidade, e não como um problema, terá maior sucesso na carreira do que seus colegas conservadores, que temem qualquer novidade.

Na primeira fase de Jack Welch na GE, as mudanças foram tão abrangentes que sacudiram a empresa de cima a baixo. O.k., ele não foi o primeiro executivo a descobrir que era possível lidar com a mudança de maneira proativa. A diferença é que, provavelmente, ninguém conseguiu dirigir um processo tão complexo em uma organização tão grande e por tanto tempo.

Seu carisma como líder permitiu que reinventasse a GE várias vezes, o que, de certa forma, acabou fazendo com que o ato de mudar fosse incorporado de modo permanente ao dia-a-dia da empresa. Ver a mudança como uma oportunidade, e não como uma ameaça, é um mote que já foi incorporado ao manual de valores da GE. Mas, na época, isso parecia não ser suficiente. Para ajudar a disseminar o processo em todos os níveis, dos altos executivos aos trabalhadores do chão de fábrica, foi criado o CAP, sigla em inglês para Programa de Aceleração de Mudanças.

Você não precisa ser um executivo para incentivar os outros a lidar positivamente com as mudanças. Basta seguir as idéias abaixo:

Encare a realidade e saiba que a mudança chegou para ficar: A não ser que você aceite essa idéia e embarque nela, não conseguirá disseminar o conceito.

Mantenha-se sempre um passo à frente da concorrência: Como mudar está na ordem do dia, há coisas que você e sua empresa devem fazer o mais rápido possível para preparar o ambiente – desenvolver novos produtos ou apresentar estratégias inovadoras de marketing são alguns exemplos. Com isso vocês se manterão um passo à frente da concorrência.

Faça simulações com diferentes cenários: Um dos pontos fortes de Welch era sua capacidade de antecipação. Para desenvolver esse diferencial, faça planos de um e de três anos, baseando-se em cenários variados.

"A sabedoria está em começar a mudar quando a empresa está liderando – reenergizando o negócio no momento em que ele está mais lucrativo."

TENHA UMA POSTURA SÉRIA

DIVIRTA-SE TRABALHANDO

O capítulo final deste livro sobre liderança bem poderia ter sido o primeiro, pois ele fala do prazer que se tem ao trabalhar. Jack Welch diria que ninguém deve se ocupar de algo que não lhe proporcione satisfação. Se você não levanta da cama estimulado para enfrentar novos desafios, é provável que esteja no emprego errado.

Quando cursava a faculdade, Welch trabalhou na área de produção de uma empresa de brinquedos. Sua função era abrir um buraco atrás do outro em uma cortiça e depois colocar a cortiça cortada em uma caixa. Nada mais do que isso todos os dias, o dia inteiro.

Welch chamou esse emprego de "entorpecimento do intelecto" e detestava cada minuto dele. Quando assumiu a presidência da GE, ele fez questão de garantir que ninguém tivesse um trabalho desse tipo. Afinal, tocar um negócio, para ele, tinha tudo a ver com paixão, vitórias e a construção de novas metas.

Lutar contra a burocracia, sem dúvida, tornava o trabalho muito enfadonho. Como ele acreditava que era responsabilidade da empresa minimizar essas coisas, muitas de suas ações como presidente visavam aumentar a energia e a motivação das pessoas quando estivessem no trabalho. Ele sabia que isso repercutiria em um aumento de produtividade.

O "Modelo de Liderança Autêntica" desenvolvido por Welch inclui diversos elementos de sucesso e 13 características da liderança, de acordo com as três necessidades básicas para se trabalhar motivado: senso de humor, prazer no trabalho e entusiasmo.

Seu estilo de liderança marcou uma era e tinha como base a informalidade, o prazer e a velocidade – as três palavras mágicas que transformaram a GE no protótipo de uma organização sem limites.

Apesar de Welch encarar os negócios com seriedade, ele achava que as pessoas não deviam se levar tão a sério. Enquanto muitos líderes empresariais vestiam a camisa do formalismo, ele mostrava na prática que não havia problema em afrouxar a gravata e relaxar a expressão do rosto enquanto discutia o orçamento do próximo ano.

Veja o que você pode fazer para ter maior prazer no trabalho:

Transforme o trabalho num "laboratório de idéias": Para Welch, a autoconfiança precisa de um ambiente informal para florescer. Encoraje todo mundo a relaxar, a vestir-se de modo despojado e a tornar o ambiente de trabalho um "laboratório de idéias".

Procure um emprego que o inspire: Há uma lição que pode ser aprendida a partir da experiência de Welch no emprego que teve durante a faculdade. Procure trabalhos ou tarefas que desafiem sua mente. Você só saberá do que é capaz se tiver um trabalho que o inspire.

Busque sempre novos desafios: Welch achava que a vida, assim como o mundo dos negócios, tem a ver com aprendizado e crescimento. Em determinada ocasião, ele fez uma piada consigo mesmo por estar num único emprego (presidente da GE) por tanto tempo. Ele realmente acreditava que, para ter prazer, era preciso reescrever seus objetivos de tempos em tempos – e sair em busca de novos desafios e crescimento intelectual.

"Liderar uma grande empresa significa nunca deixar que ela se leve muito a sério e lembrá-la constantemente de que o jornal de ontem embala o peixe de hoje."

NOTAS E EXERCÍCIOS PARA O GERENTE DE RECURSOS HUMANOS E TREINAMENTO

Como foi mostrado anteriormente, Jack Welch acreditava em dois ingredientes para construir uma organização vencedora: envolver *todo mundo* no jogo e *acabar com os limites* para as novas idéias. Este livro foi escrito tendo em mente essas duas metas inspiradoras.

Ainda que o objetivo principal seja ajudar gerentes e colaboradores a *executar* melhor o trabalho, há diversas dicas sobre como implantar o conceito de empresa sem limites, sem guerras por cargos e outros casos típicos de grandes corporações. Há muitas formas de buscar a melhoria contínua usando este livro. Veja algumas idéias:

Forneça um exemplar para todos os colaboradores com uma nota do gerente ou profissional de treinamento: O conteúdo do livro dispensa explicações. Mesmo sem nenhum acompanhamento ou discussão posterior, ele pode inspirar e motivar os colaboradores. A nota anexa deve manter o tom entusiasmado e mostrar que a proposta é de que o livro seja usado como uma ferramenta para o aumento da produtividade. Não pode ser encarado como um "castigo" porque as vendas ou a produção caíram no último período.

Organize sessões para discutir o conteúdo do livro: Entregue os exemplares e sugira reuniões informais para que a equipe discuta os princípios descritos. Esses encontros são fóruns de discussão onde as pessoas expressam suas opiniões livremente. Uma das principais crenças de Welch é que as pessoas "mais próximas do trabalho" possuem as melhores idéias para tornar as coisas ainda melhores.

Exercite as idéias: Se você reunir um grupo de colaboradores e/ou gerentes para discutir o livro, lembre-se de preparar um cronograma e contratar um consultor ou facilitador externo, pois há quem se sinta mais à vontade com um líder "de fora". Para que as sessões sejam produtivas, o ideal é sugerir um tema (três princípios de Jack Welch e como eles podem ser aplicados na empresa, por exemplo). Você vai se surpreender com a troca de idéias e como o moral da equipe aumenta com a simples chance de apresentar suas opiniões.

Crie grupos menores para aprofundar a discussão: Se houver mais de 50 participantes em uma reunião, o ideal é abrir a discussão e depois separar grupos menores, de cinco a oito pessoas, para aprofundar os temas. Os tímidos se saem melhor em grupos menores. Também é necessário escolher um líder para coordenar cada subgrupo. O ideal é que ele tome nota do que foi discutido e, após o tempo preestabelecido (60 ou 90 minutos), reúna todos novamente para que os líderes de cada grupo apresentem suas idéias e sugestões.

A escolha do líder: Ainda que todo mundo se dedique a trazer novas idéias, é fundamental a figura do líder responsável pela execução das decisões tomadas pelos grupos. Se não houver um, a opção é delegar poder aos colaboradores para que eles mesmos coloquem as novas idéias em prática. O que não pode acontecer é os esforços feitos por todos para mudar o estado das coisas não serem aproveitados pela empresa. Nesse caso, o exercício terá sido inútil. Um líder verdadeiramente interessado em aumentar o moral e a produtividade – enquanto reduz o desperdício, a burocracia e a rotatividade dos colaboradores – sabe a importância de transformar a teoria em realidade.

"Números não representam uma visão, mas o resultado."

"A melhor idéia é a que triunfa."

BIBLIOGRAFIA

Fontes das frases de Jack Welch

"Os burocratas odeiam a mudança... eles se assustam com a velocidade e..."

– Trecho de um discurso de Jack Welch no Bay Area Council, em São Francisco, Califórnia, 1989 (página 1).

"Uma empresa que almeja a grandeza..."

– Discurso de Jack Welch para os acionistas da GE, 2001 (página 1).

"Nós procuramos líderes capazes de energizar, motivar e inspirar, em vez de..."

– Mensagem de Jack Welch aos acionistas, relatório anual da GE, 1993 (página 9).

"Você precisa entender como é importante manter o tipo de informalidade que encoraja todo mundo a desafiar as idéias prediletas dos chefes."

– Entrevista de Jack Welch a Charlie Rose, para a rede de TV PBS, Nova York, 2001 (página 11).

"A melhor maneira de controlar o poder dos colaboradores é deixando que fiquem livres e sem a formalidade do cargo, os grilhões da burocracia e as barreiras hierárquicas."

– Discurso de Jack Welch no New England Council 1992 Private Sector New Englander of the Year Award, Boston, Massachusetts, 1992 (página 13).

"Como levar as pessoas a embarcar num processo de mudança? Comece mostrando a realidade..."

- Trecho de "A Master Class in Radical Change", revista *Fortune,* 1993 (página 16).

"O jogo vai mudar. E mudar radicalmente."

- Frase publicada na reportagem "Roberto Goizueta and Jack Welch: The Wealth Builders", revista *Fortune,* 1995 (página 20).

"Nós agora sabemos... ela vem de equipes premiadas, movidas a desafios, estímulos e desenvolvimento de habilidades."

- Discurso de Jack Welch no Economic Club of New York, Detroit, 1994 (página 22).

"Esqueça o passo-a-passo e corra!"

- Apresentação de Jack Welch no Hartfield Fellow Lecture, da Cornell University, 1984 (página 24).

"O desejo e a habilidade de uma empresa... são sua maior vantagem competitiva."

- Mensagem anual de Jack Welch para o relatório anual da GE, 1996 (página 27).

"Mexa-se. Qualquer um que fique parado certamente perderá contato com a realidade."

- Entrevista de Jack Welch para o livro *Jack Welch Speaks,* de Janet Lowe, para John Wiley & Sons, 1997 (página 29).

"No início da minha carreira... poucos pensavam em valores mais humanos, como montar uma equipe, compartilhar idéias e motivar os outros."

- Trecho da reportagem "Jack Welch Lets Fly on Budgets, Bonuses and Buddy Boards", de Marshall Loeb, revista *Fortune,* 1995 (página 31).

"Você não pode gerenciar a autoconfiança das pessoas."

– Entrevista de Jack Welch para a revista *Monogram*, publicação interna da GE, 1989 (página 33).

"O mundo dos negócios tem a ver... Quanto mais pessoas você cativar, maior será a inteligência."

– Entrevista de Jack Welch a Charlie Rose para a rede de TV PBS, Nova York, 2001 (página 36).

"Queremos ser uma empresa que... e se adaptando aos novos tempos."

– Trecho da reportagem "Can Jack Welch Reinvent GE?", de Marilyn A. Harris, Zachary Schiller, Russel Mitchell e Christopher Power, para a revista *Business Week*, 1986 (página 39).

"Velocidade é um fator indispensável para a competitividade."

– Discurso de Jack Welch para o New England Council Private Sector, New Englander of the Year Award, Boston, Massachusetts, 1992 (página 41).

"Da mesma forma que a velocidade flui da simplicidade, a simplicidade se baseia na autoconfiança."

– Discurso de Jack Welch para os acionistas da GE, 1991 (página 44).

"Pessoas autoconfiantes sabem que o que realmente importa é a qualidade do seu esforço para atingir o 'impossível'."

– Mensagem anual aos acionistas, Relatório Anual da GE, 1995 (página 47).

"O comportamento 'sem limites' avalia as idéias segundo o mérito, não pelo cargo de quem as apresentou."

– Trecho do discurso de Jack Welch para o Economic Club of New York, Detroit, 1994 (página 50).

"Líderes... inspiram as pessoas com visões claras de como as coisas podem ser melhoradas."

– Trecho da reportagem de Bill Lane, "Liberating GEs Energy", para a revista *Monogram*, publicação interna da GE, 1989 (página 53).

"É uma questão de honra aprender alguma coisa, não importa de onde venha."

– Trecho da reportagem "The House That Jack Built", revista *The Economist*, 1999 (página 55).

"Aumentar a autoconfiança das pessoas é, de longe, a coisa mais importante que você pode fazer."

– Entrevista de Jack Welch para John Huey, "The Jack and Herb Show", revista *Fortune*, 1999 (página 58).

"O Seis Sigma... É melhor do que ir à Harvard Business School."

– Citação de Jack Welch para o livro *The GE Way Fieldbook*, de Robert Slater, McGraw-Hill, 2000 (página 60).

"A sabedoria está em começar a mudar... no momento em que ele está mais lucrativo."

– Apresentação de Jack Welch na conferência "Hartfield Fellow Lecture", promovida pela Cornell University, 1984 (página 62).

"Liderar uma grande empresa significa nunca deixar que ela se leve muito a sério e lembrá-la constantemente de que o jornal de ontem embala o peixe de hoje."

– Mensagem de Jack Welch para o relatório anual da GE, 1999 (página 65).

"Números não representam uma visão..."

– Entrevista de Jack Welch para a revista *Industry Week*, 1994 (página 69).

"A melhor idéia é a que triunfa."

– Mensagem anual de Jack Welch aos acionistas, 2001 (página 69).

Conheça outros títulos da coleção Desenvolvimento Profissional

Aprendendo a lidar com pessoas difíceis

DR. RICK BRINKMAN E DR. RICK KIRSCHNER

Pessoas difíceis são um desafio. Na melhor das hipóteses, elas tornam a nossa vida mais estressante e desagradável. Na pior, atrapalham a realização de projetos pessoais e a conquista de metas profissionais importantes.

Esse livro mostra como extrair o melhor de pessoas problemáticas, mesmo quando elas exibem o pior de si mesmas. Apresentando técnicas eficazes e uma abordagem criativa, os autores ensinam o caminho das pedras – o aprendizado que pode ser extraído da convivência em grupo, apesar das diferenças – e os atalhos para impedir que as pessoas que o incomodam enfraqueçam seu desempenho no trabalho e na vida pessoal.

Aprendendo a lidar com pessoas difíceis traz as seguintes lições que ajudarão você a enfrentar atitudes destrutivas e irritantes:

- Identificar os 10 comportamentos mais indesejáveis e entender a razão que leva as pessoas a agirem assim
- Desenvolver uma "lente" para reconhecer os pensamentos, intenções e temores das pessoas difíceis
- Usar técnicas sofisticadas de "escuta" para compreender as verdadeiras necessidades do outro
- Cultivar habilidades de harmonização e redirecionamento, de modo a transformar conflitos em momentos de cooperação

Como motivar sua equipe

ANNE BRUCE

Pense nos gerentes que mais influenciaram sua vida profissional. Eles investiram num ambiente de trabalho divertido e estimulante e no talento de cada colaborador porque perceberam que sua própria carreira e o sucesso da empresa dependiam da eficiência da equipe. Esses líderes excepcionais acreditaram no poder e na influência das pessoas – e foram recompensados.

Como motivar sua equipe apresenta exemplos inspiradores de empresas como Disney, Levi's e Dell Computer e suas estratégias orientadas para resultados. Ao colocar em prática os ensinamentos dessas corporações, você vai ser capaz de extrair as melhores qualidades dos seus colaboradores. Está provado que essa filosofia agrega valor tanto para a empresa quanto para a carreira dos executivos que a adotam.

Esse livro – conciso, mas poderoso – mostra como estimular o comprometimento e a paixão pelo trabalho. Veja as principais dicas para manter em alta o entusiasmo, a energia e o moral de sua equipe:

- Transformar colaboradores em parceiros
- Encorajar o gerenciamento de riscos
- Criar uma política de incentivos e recompensas
- Delegar poder
- Estabelecer uma relação de confiança
- Encorajar o senso de responsabilidade

Como ser um vendedor de sucesso

LINDA RICHARDSON

Vender nunca foi tão difícil. Nestes tempos de internet, em que todas as informações estão disponíveis, o que os clientes mais querem saber é o que o produto pode fazer por eles. *Como ser um vendedor de sucesso* mostra que mais importante do que aquilo que você *diz* aos clientes é a maneira como você *escuta* o que eles têm a dizer. No ambiente competitivo de hoje, o modelo clássico de abordagem de vendas está ultrapassado – agora é preciso vender soluções em vez de produtos.

A autora apresenta um programa de seis passos, testado na prática, que ensina como escutar os clientes e descobrir suas necessidades. Você também vai aprender a agregar valor, apresentar novos enfoques e mostrar como o seu produto ou serviço atende, com rapidez e regularidade, à demanda do seu cliente. A seguir, algumas lições para você se tornar um vendedor bem-sucedido:

- Aprender com o cliente
- Criar uma estratégia de questionamento
- Listar soluções
- Usar as objeções a seu favor
- Manter o foco no cliente
- Escutar de maneira eficaz
- Analisar os concorrentes
- Pedir feedback

O manual do novo gerente

MOREY STETTNER

Você foi promovido a gerente – e isso o coloca numa posição totalmente diferente. Com colaboradores difíceis de lidar e chefes exigentes, você nunca sabe de onde surgirá seu próximo problema. Mas sabe que todos esperam que você o resolva, e de maneira rápida e eficiente.

O manual do novo gerente fornece valiosas dicas para que você se integre à sua equipe enquanto a estimula a conquistar resultados surpreendentes. Um gerente novato no competitivo ambiente de trabalho dos dias de hoje enfrenta desafios e testes diariamente. A partir de agora, você será avaliado pelo desempenho dos outros. Dê a si mesmo a oportunidade de ser bem-sucedido e saiba como conquistar o respeito tanto de seus colaboradores quanto de seus supervisores. As 24 regras desse manual de consulta rápida mostram a melhor maneira de conseguir isso:

– Avaliar desempenhos
– Pensar estrategicamente
– Dar e receber feedback orientado para resultados
– Direcionar o trabalho
– Impressionar ao falar
– Criticar com tato e honestidade
– Motivar colaboradores que apresentam desempenho mediano
– Preparar a equipe para mudanças

Por que os clientes não fazem o que você espera?

FERDINAND FOURNIES

O modo como você conduz um encontro com um cliente é fundamental para definir o sucesso de uma venda, mas o verdadeiro poder está nas mãos dele. A reação do cliente à sua abordagem é o que, de fato, determina se a negociação vai ser bem-sucedida ou não.

O desafio é enxergar as visitas de vendas com os olhos do cliente e fazer com que ele reaja da forma que você deseja – ou seja, fechando a venda o mais rapidamente possível. *Por que os clientes não fazem o que você espera?* mostra ações específicas para melhorar significativamente suas vendas e seus resultados.

Simples e direto, esse livro ensina a gerenciar cada uma das etapas do processo de vendas e a direcionar o cliente para a ação. Ele ajudará você a reconhecer e resolver os 24 problemas e objeções mais comuns que ocorrem nessa área. Você vai aprender, entre outras coisas, a:

– Aumentar o interesse do cliente
– Descobrir as necessidades dos clientes
– Criar estratégias de vendas
– Compreender o ponto de vista dos clientes
– Identificar e resolver problemas
– Auxiliar os clientes em suas escolhas
– Apresentar as características e os benefícios do produto

Conheça os 30 clássicos da Editora Sextante

O Código Da Vinci, *Anjos e Demônios* e *Fortaleza Digital*, de Dan Brown

Pais brilhantes, professores fascinantes, *Nunca desista de seus sonhos* e *Você é insubstituível*, de Augusto Cury

O monge e o executivo, de James C. Hunter

Um dia "daqueles", *O sentido da vida* e *Querida mamãe, obrigado por tudo*, de Bradley Trevor Greive

Por que os homens fazem sexo e as mulheres fazem amor?, de Allan e Barbara Pease

Os 100 segredos das pessoas felizes e *Os 100 segredos das pessoas de sucesso*, de David Niven

Enquanto o amor não vem, de Iyanla Vanzant

A última grande lição e *As cinco pessoas que você encontra no céu*, de Mitch Albom

A Dieta de South Beach, de Arthur Agatston

O ócio criativo, de Domenico De Masi

Não leve a vida tão a sério, de Hugh Prather

O Poder do Agora, de Eckhart Tolle

A vida é bela, de Dominique Glocheux

Palavras de sabedoria e *O caminho da tranqüilidade*, de Sua Santidade, o Dalai-Lama

Muitas vidas, muitos mestres e *Só o amor é real*, de Brian Weiss

Histórias para aquecer o coração, de Jack Canfield e Mark V. Hansen

Conversando com os espíritos, de James Van Praagh

Aprendendo a gostar de si mesmo, de Louise Hay

Mantenha o seu cérebro vivo, de Lawrence Katz e Manning Rubin

Aprendendo a silenciar a mente, de Osho

Informações sobre os próximos lançamentos

Para receber informações sobre os lançamentos da EDITORA SEXTANTE, basta enviar um e-mail para atendimento@esextante.com.br ou cadastrar-se diretamente no site www.sextante.com.br

Para saber mais sobre nossos títulos e autores, e enviar seus comentários sobre este livro, visite o nosso site: www.sextante.com.br

EDITORA SEXTANTE
Rua Voluntários da Pátria, 45 – Gr. 1.404 – Botafogo
22270-000 – Rio de Janeiro – RJ
Tel.: (21) 2538-4100 – Fax: (21) 2286-9244
E-mail: atendimento@esextante.com.br
www.sextante.com.br